MANFRED MÜLLER

EIN STÜCK VOM HIMMEL

Manfred Müller

EIN STÜCK VOM HIMMEL

Mit 24 Songs durch den Advent

echter

20 Cent

NEIN ...

die Toten Hosen sind keine christliche Band! Ebenso wenig wie alle anderen, die hier in diesem Buch ihren Platz gefunden haben. Das muss ich dieses Mal wohl noch deutlicher sagen als beim ersten Buch »An Tagen wie diesen« (2015). Denn manche haben es offensichtlich nicht verstanden und sich danach per Mail oder Interneteintrag darüber »gewundert«, wer hier so alles auftaucht.

Genau darum geht es mir auch jetzt wieder, mit abermals 24 Songs, die man meistens irgendwo schon mal gehört hat, aber die man weiß Gott nie mit dem Thema »Advent« in Verbindung gebracht hätte. Gut so, denn das erhöht die Spannung, wie das denn überhaupt zusammengehen kann.
Vielleicht sind Sie nach der Lektüre dieses etwas anderen Adventskalenders ja überzeugt und sagen: »Wow! So hab‘ ich das noch nie gesehen.« Oder Sie sagen: »... das ist aber keine christliche Band!« Dann lesen Sie einfach nochmal genau dieses Vorwort.

Also: 24 Songs von 24 Künstlern, viele auf Deutsch und dadurch leicht verständlich, manche auf Englisch und in den wesentlichen Passagen übersetzt. Hörbeispiele? Die suchen Sie hier auch vergebens, weil zu teuer. Aber Sie werden Mittel und Wege finden, um die Lieder ans Ohr zu bekommen. Auch die Videos sind fast alle sehenswert und geben dem Ganzen noch einmal eine besondere Note!

Was ist seit dem letzten Buch passiert? Marie hat nun ein Brüderchen (Felix); einige Schulen haben das Buch den kompletten Advent hindurch beackert, die Musik dröhnte aus den Lautsprechern und die Toten Hosen haben sich (kein Witz!) gewundert und ein bisschen auch gefreut, dass sie im ersten Buch vorgekommen sind. Zum Dank sind sie hier wieder drin!

Wie beim letzten Buch entsteht auch dieses Vorwort bei 30 Grad im Schatten. Schicksal – wenn man Bücher für den Winter schreibt, dann passiert das eben meist im Sommer!
Und auch wenn es bei allem Flachs dieses Vorwortes jetzt vielleicht nicht so scheinen mag: Das hier ist wieder ein ernsthafter Adventskalender, der auch dem Sinn des Advent auf den Grund gehen will.

Nur echt bei Echter! Vielen Dank an »meinen« Verlag, meine Familie und alle Freunde, die mich bei diesem Projekt unterstützt und motiviert haben. Und natürlich an Campino, Mark, Ed, Justin, Wincent, Robbie und wie sie alle heißen, für Eure Unterstützung!

Einen guten Weg durch den Advent!

Von Herzen
Ihr Manfred Müller

1 ALLES AUF ANFANG …

Clueso: Neuanfang

Alles auf Anfang ... genauer gesagt, alles auf »Neuanfang«! Und den wollen wir mit Thomas Hübner aus Erfurt anpacken. Thomas wer? Clueso, unter diesem Namen ist er sicher besser bekannt. Er muss auf die Position eins in diesem Adventskalender, der auch für uns so etwas sein will wie ein »Neuanfang«.

Große Worte, große Pläne? Nun mal nicht gleich übertreiben. Neue Anfänge bedeuten nie, dass das Alte vollständig verschwindet. Neue Anfänge bauen immer auf dem auf, was ich bisher gemacht, erlebt, gefeiert oder erlitten habe. Clueso sagt es so: »Ich will kein neues Leben, nur einen neuen Tag.« Und: »Ich will Altes nicht bekämpfen, ich will Neues formen!« So will jeder Neuanfang eben eines erreichen: dass sich etwas zum Guten verändert, vor allem an Punkten, mit denen ich bisher nicht so zufrieden war.

Was macht der Sänger Clueso, um seinen Neuanfang zu finden? Er ändert radikal die Grundgegebenheiten seiner Karriere – keine Band mehr, stattdessen solo; neue Wohnung, neues Management, neue Ideen für seine Musik. Herausgekommen ist dabei der vielleicht beste Clueso, den wir bisher hören konnten.

Neue Anfänge bedeuten immer Suchen und Ausprobieren: »Vor, zurück, zur Seite, ran. Herzlich Willkommen, Neuanfang!« Neue Anfänge hängen nicht von den anderen oder von den Umständen ab, sondern zu allererst von mir. »Ich kann den Wind nicht ändern – nur die Segel dreh'n!« Und neue Anfänge erfordern Mut und sind oft alles andere als eine sichere Bank, auch für einen Sänger wie Clueso: »Ich halt' mich am ›Vorne‹ fest – es fühlt sich wack'lig an …« Und trotzdem »Herzlich Willkommen, Neuanfang!«

Ihm ist der Neuanfang gelungen – auch weil er den Mut hatte, sich nach langem Ringen auf seine tiefen inneren Gefühle einzulassen und den Weg zu ändern, den er bisher musikalisch gegangen war. Advent – 24 Tage Zeit, sich neu auf die eine oder andere innere Stimme einzulassen. Danach muss das Leben nicht auf den Kopf gestellt sein. Aber es kann vielleicht in den Grundlinien neu ausgerichtet werden: etwas mehr Tiefe, etwas mehr Gefühl, etwas mehr Ehrlichkeit mit mir selbst und den anderen; oder etwas weniger Stress, Angst …

Sie wissen selbst am besten, wie Ihr persönlicher Wunsch nach »etwas mehr / etwas weniger …« aussieht. Nur Mut und ran. »Herzlich Willkommen, Neuanfang!«

HEUTE MEINEN WUNSCH / »VORSATZ« GLEICH MAL FORMULIEREN UND AUFSCHREIBEN: »NEUANFANG ADVENT 20 … – ETWAS MEHR / WENIGER …«

2 HIMMEL UND ERDE – UND WO BIN ICH?

Herbert Grönemeyer: Ein Stück vom Himmel

Herbert Grönemeyer verstehen – das geht nicht. Und damit meine ich noch gar nicht mal seinen nuscheligen Gesangsstil, der dem Hörer erst nach und nach die wahren Bestandteile der Liedtexte offenbart. Grönemeyer ist *der* Künstler unter den deutschen Musikern – und Kunst entzieht sich immer auch dem Zugriff durch den Betrachter oder Hörer. Also bleiben auch viele seiner Texte letztlich rätselhaft oder, positiv ausgedrückt, »offen für Interpretation«!

Eines ist sein Lied auf jeden Fall schon mal – ungewöhnlich. Denn mit Religion und Gott hat sich Grönemeyer sonst nie so auseinandergesetzt. Im Hintergrund steht für ihn wohl die Erfahrung des Irakkrieges und dabei Äußerungen großer Politiker, die sich und ihr Handeln letztlich ausschließlich vor Gott verantwortlich gesehen haben. Dass es aber schon hier fatale Auswirkungen haben kann, spüren wir bis heute.

Mir geht es aber um einen anderen Blickwinkel. Ist die Erde wirklich »ein Stück vom Himmel, *ein* Platz«, ja sogar noch mehr, »*der* Platz von Gott. Ein Stuhl im Orbit«? In der Bibel heißt es einmal, die Erde wäre »nur« so etwas wie der Schemel für Gottes Füße. Das sollte das Staunen der Menschen über den unbegreiflich großen und unvorstellbaren Gott in ein Bild bringen.

Ja, für uns ist die Erde ganz klar unser Platz. »*Hier* ist dein Haus, *hier* ist was zählt. Du bist überdacht von einer grandiosen Welt.« Auf der 2. Wegetappe hin auf Weihnachten darf ich aber schon sagen: Die Erde ist für mich wirklich »ein Stück vom Himmel, ein Platz von Gott«. Dass er sich auf uns einlässt, dass er Mensch wird, ist »unglaublich«, aber nur im Glauben zu erfassen. Und sie ist eben auch der Platz, an dem wir leben, gestalten, handeln. An dem Himmel und Erde sich berühren. »Du wurdest darauf angesetzt, den Himmel um die Erde zu erweitern«, singen die Söhne Mannheims einmal und machen mir damit Mut, meinen kleinen Beitrag dazu zu leisten, dass diese Welt ein wenig lebenswerter wird. »Es wird zuviel geglaubt, zu wenig *erzählt*«, klagt Grönemeyer. Und er richtet es nicht gegen Religion und Glaube an sich, sondern gegen starre und menschenfeindliche Formen. Wer erzählt heute schon noch vom Glauben? Vielleicht ist es gerade das, was uns heute abgeht: dieses Fleckchen Erde, unser »Stück vom Himmel« wirklich mit dem Himmel zu verbinden – weil sich der Himmel schon längst mit uns verbunden hat!

IMPULS FÜR DEN TAG: HEUTE EINEM MENSCHEN ERZÄHLEN, WAS MICH MIT DEM HIMMEL VERBINDET.

3 WAS IST SCHÖNHEIT?

Alessia Cara:
Scars to your beautiful

91 Prozent aller Frauen sind einer Umfrage zufolge reichlich unzufrieden mit ihrem Körper, ihrem Aussehen. Viel zu hoch gegriffen? Wohl nicht.

Alessia Cara ist noch ganz jung, aber kennt das Problem aus eigener Erfahrung. Sie ist als Jugendliche unsicher, glättet sich die Haare so oft, dass sie irgendwann in Büscheln ausfallen. Eines Tages ist Schluss damit. Ihr Hit ist ein Anti-Schönheits-Wahn-Lied, aber gleichzeitig ein Schönheits-Lied über eine Schönheit, die in jedem Menschen liegt, auch wenn er nicht den gängigen Normen und Formen entspricht.

Jetzt frage ich mal ganz direkt: Finde ich Falten, Übergewicht, schiefe Proportionen schön? Und muss ich, wenn ich »politisch korrekt« sein will, das Schlanke, Ebenmäßige fast schon unschön finden? Es ist ein Ringen, das sich nicht einfach und platt beantworten lässt.

Meine Meinung: Es ist toll, dass es Menschen gibt, die uns in ihrem Aussehen gefallen. Manche von ihnen sind schlank, gut gebaut, trainiert. Das darf ich schön und ansprechend finden. Andere sind es eben nicht – und trotzdem können sie *schön* sein. Selbstverständlich? Leider eben noch nicht. Ich kann mit etwas mehr Pfunden schön aussehen. Und noch dazu kann ich neben allen Äußerlichkeiten meiner Erscheinung auch durch innere Werte schön sein; dadurch, dass ich vom Wesen her einmalig bin, in aller Vielfalt, die hier denkbar ist.

Alessia Cara sagt: »Schönheit existiert auf vielfältige Weise – mal ist sie greifbar, mal ist sie das nicht, mal ist sie innerlich, mal äußerlich. Es wird Zeit, dass wir das endlich begreifen.«

Ganz besonders wird ihr Lied durch die Videoidee, die sie selbst durchgesetzt hat. Menschen wie Du und Ich sind da zu sehen und zu hören. Und es gibt sogar eine eigene deutsche Version, mit Typen, die in keinem Modemagazin eine Chance hätten und vor denen sich Heidi Klum sicher ein Leben lang fürchtet! Bitte unbedingt ansehen, es lohnt sich.

Statt der »scars«, der Narben, die wir über die Schönheit jedes Menschen legen, wenn wir ihn in Ideale pressen, sieht Alessia Cara »stars« – Menschen sind wie Sterne, wunderschön. Und so eben auch ein Abbild dessen, der uns so unverwechselbar und einmalig gemacht hat. Tja, Heidi, darüber sollten wir alle einmal nachdenken.

**IMPULS FÜR DEN TAG:
HEUTE EINEM MENSCHEN IN MEINER UMGEBUNG SAGEN, DASS ER FÜR MICH SCHÖN IST.**

4 ICH GLAUB', ICH HÖRE STIMMEN!

EFF: Stimme

Alles ganz klar: Stimme = innere Stimme = Bauchgefühl = dann macht man schon alles richtig. Aufgemerkt, so einfach geht das nicht!

Erst mal langsam: Hinter dem, was sich hier schlicht »EFF« (für den Buchstaben »f«) nennt, stecken eben zwei »f«, nämlich Felix und Forster: Felix Jaehn, junger und mega-erfolgreicher deutscher DJ, und Sänger Mark Ćwiertnia, genannt Mark Forster, ebenfalls ein pfiffiges Kerlchen. Beide zusammen geben dem Thema mit ihrem Hit eine neue Dimension.

Kreuzungen gibt es reichlich auf den Wegen durchs Leben, Weggabelungen, an denen ich mich für oder gegen einen Weg entscheiden muss. Was wäre wohl gewesen, wenn ich nicht ..., sondern stattdessen ... »Hätte, wenn und aber« hilft nicht. »Eigene Wege sind schwer zu beschreiben, sie entstehen ja erst beim Geh'n«, meint der große deutsche Songpoet Heinz Rudolf Kunze.

Und nun? »Da wo guter Rat teuer ist«, ich mir ganz »lost«, ganz verloren, ganz gebeutelt vorkomme, »war da nicht immer diese Stimme, die Dir hilft?« Darum: »Hör' auf die Stimme!« Und was ist sie nun, diese geheimnisvolle Stimme? Bauchgefühl kontra Vernunft? Mein gutes oder schlechtes Gewissen? Forster meint, bei ihm sei das irgendwas zwischen seiner polnischen Mutter und seiner pfälzischen Oma. Oder ist es doch einfach nur Schicksal, Zufall, Glück oder Pech?

Im Video geben die Macher uns eine Idee, dass es um mehr gehen könnte. Ein junger Mann wird von einer inneren Stimme durch die Straßen geführt, bewegt (durch Breakdance-Moves ausgedrückt), ja fast gezogen. Dabei kommt er immer wieder an kleinen Zeichen vorbei: einem Kreuz; einem Mann, der verdächtig wie Jesus aussieht; einer Plakatwand mit einem Herz, aus zwei Händen geformt, auf der steht »I'm here« – Ich bin da! Schließlich findet er jemanden, der seine »Sprache« spricht, seine Bewegungen teilt, mit ihm auf einer Wellenlänge ist. Aber: keine Liebesgeschichte, sondern ein Hinweis darauf, dass es da jenseits dieser greifbaren Welt einen »Move«, eine Bewegung geben könnte, die wir mit den richtigen Antennen spüren und wahrnehmen können. Einen, der dann auch mal den Weg zeigt, wenn es uns besonders schwer fällt. Hör' auf diese Stimme!

**IMPULS FÜR DEN TAG:
HEUTE ÜBER DIE KREUZUNGEN UND WEGGABELUNGEN MEINES LEBENS NACHDENKEN.**

5 DER SOUNDTRACK MEINES LEBENS …

Wincent Weiss:
Musik sein

Google findet innerhalb einer halben Sekunde etwa 600 Millionen Treffer zum Schlagwort »Musik«, in der englischen Schreibweise gar unglaubliche 6,5 Milliarden Einträge im weltweiten Netz.

Musik! »Music was my first love, and it will be my last«, singt John Miles in einem der wohl besten und größten Songs aller Zeiten, garniert mit allem, was Musik zu bieten hat: schmachtende Geigen, fette Drums, kreischende E-Gitarren und eine Stimme vom Bass bis ins Falsett!

»Musik ist eine Kunstgattung, deren Werke aus organisierten Schallereignissen bestehen. Zu ihrer Erzeugung wird akustisches Material, wie Töne und Geräusche, innerhalb des für Menschen hörbaren Bereichs geordnet«, weiß Wikipedia höchst sachlich und unsensibel zu kommentieren. Und wer hat's erfunden? Nein, nicht die Schweizer! Auf deutschem Gebiet fand man früheste Instrumente, die ca. 35.000 Jahre alt sind. Und doch ist man sicher, dass Menschen schon viel früher Musik gemacht haben. Die ersten »Liedermacher« aber, bei denen unsere Vorfahren abgeschaut haben, waren Vögel – viele von ihnen sind bis heute zweifelsfrei noch immer die besseren Sänger!

Wincent Weiss träumt mit seinem Lied davon, irgendwann mal ein Teil in der ganz persönlichen Liederliste von Menschen zu sein. Gibt es so etwas wie den »Soundtrack« Ihres Lebens? Lieder, die Sie mit Ereignissen verbinden, die sich fest angeheftet haben und nicht mehr davon zu trennen sind? Ich lasse Sie mal in »meine« Liederliste blicken:

- »Secret Love« von den Bee Gees – bis heute das Tanz- und Kennenlernlied für mich und meine Frau
- »Nicht von dieser Welt« von Xavier Naidoo – das hat mich neugierig gemacht auf religiöse Spuren in Popsongs
- »Who wants to live forever« von Dune (im Original von Queen) – damals starb ein guter Freund der Familie
- »I don't wanna miss a thing« von Aerosmith – ein Begleiter durch die ersten Jahre meiner Jugendarbeitszeit

Nochmal: Wer hat's *erfunden?* Wir Menschen haben es vielleicht *gefunden.* Aber dass es sowas Besonderes in unserem Leben gibt, können wir wohl getrost als Geschenk von ganz oben betrachten. Und was meint Wincent dazu? »Wenn das Leben uns umhaut, wenn wir besoffen vor Glück sind – müsste da nicht Musik sein?«

IMPULS FÜR DEN TAG:
HEUTE NUR FÜR MICH UND GANZ LAUT MEINEN LIEBLINGS-SONG ANHÖREN!

6 DIE PRACHTSTRASSE MEINER ZERBROCHENEN TRÄUME

Green Day: Boulevard of broken dreams

Heute gibt's was auf die Ohren! Punk-Rock von Green Day, bitte voll aufdrehen!

Wenn eine Band ein Album angeblich fast fertig hat, und dann meldet, es sei ihr aus dem Studio heraus geklaut worden; und wenn diese Band dann entscheidet, noch einmal ganz neue Lieder zu schreiben, dann sind die Spannung auf dieses neue Album und der Erfolg fast vorprogrammiert. Ein Schelm, wer Böses denkt. Aber es gibt Anzeichen, dass die Stücke gar nicht gestohlen wurden, sondern an anderer Stelle, bei anderen Bands wieder auftauchten.

Sei's drum ... *American Idiot,* die Platte der US-Band Green Day, ist als Punkrock-Oper angelegt; ein Kunstwerk, in dem sich jede Menge beißender Kritik an der Politik des eigenes Landes verbirgt – damals wie heute irgendwie nachvollziehbar!

Alle Stücke zusammen erzählen die Geschichte von Jimmy, der sich »Jesus of Suburbia« / Jesus der Vorstadt nennt. Es folgen viele Irrungen und Wirrungen, und für Jimmy das verstörende Gefühl, noch ein anderer Mensch neben sich zu sein. Letztlich zerbrechen für ihn viele Träume, die Suche nach dem Ziel des Lebens endet offen.

Welche zerbrochenen Träume liegen in Scherben auf meinem persönlichen »Boulevard of broken dreams«? Von welchen Plänen und Phantasien musste ich mich verabschieden? Was hat sich als Hirngespinst erwiesen? Und was ist in die Brüche gegangen, eventuell durch andere in Trümmer gelegt worden, was mein kleiner oder der ganz große Lebenstraum war?

Wir kommen nicht drum rum: Wir werden immer wieder Ideen spinnen, Pläne machen. Wenn ich manchmal Leute höre, die sagen: »Ich erwarte mir nichts von der Zukunft, dann kann ich auch nicht enttäuscht werden«, dann möchte ich schreien! Lieber mit Höhen und Tiefen leben als lau und ohne Tiefgang. Wer sich nicht der Gefahr aussetzt, enttäuscht, verletzt oder auch verspottet zu werden, der wird sich auch nie einsetzen für das, was ihm wichtig ist, für Menschen, die ihm am Herzen liegen, für Überzeugungen und Werte.

Selbst wenn es bei Green Day so scheint, als ob am Ende nichts bleibt: Auch hier brennt immer noch die Hoffnung, sonst würden sie nie so brachial über ihren Frust und ihre Fragen singen. »Walk on«!

IMPULS FÜR DEN TAG: HEUTE EINE SCHERBE ALS ZEICHEN FÜR EINEN MEINER »BROKEN DREAMS« (ZERBROCHENEN TRÄUME) SUCHEN.

7 NICHT MEINS ODER IRGENDEINS, SONDERN DEINS!

Philipp Dittberner:
Das ist Dein Leben

Als ich den Titel dieses Liedes in meinem Computer schreiben will, schlägt mir die Autokorrektur eine interessante Ergänzung vor: aus dem Wort »Leben« will sie »Lebens-Zuversicht« machen. Ob ich das jemals schon so geschrieben habe? Keine Ahnung. Manchmal hat der Herrgott auch in den abgefahrensten Momenten die Finger im Spiel. Lebens-Zuversicht … passt dann auch wieder irgendwie zum Lied.

Philipp Dittberner – so kann nur einer der neuen deutschen Songpoeten heißen. Jung, sanft, ein Philosoph, ein Beobachter, ein Erzähler. Und einer, der uns den Spiegel vorhalten kann. »Da draußen tobt doch alles weiter, auch wenn ich heute nicht mehr wär'«. Das ist wohl wahr. Wirkt ja fast so, als wäre ich bei allem nur der Zuschauer. Aber »irgendwie gehör'n wir doch dazu«, stimmt. Und was ist das für ein Leben, was ist mein Anteil daran? Lieben, lachen, leben. Manchmal bin ich mir selber »fremd« dabei. Und manchmal fliege ich in den höchsten Höhen und kann oft doch selbst am wenigsten dazu.

Ein andermal fallen wir auf die Nase, stehen wieder auf, gehen weiter. Verstehen kann ich das alles wirklich nicht richtig, erklären, begreifen, warum Glück und Unglück so nah beieinander liegen. Warum ich, warum er / sie?

Trotzdem suche ich meinen Weg, meinen Lebensweg, meinen eigenen, unverwechselbaren. Gut, wenn ich oft zumindest im Rückblick erleichtert zustimmen kann: »Wir haben uns nie verlaufen; wir haben uns (nur) ab und zu verrannt.« Das wird man ja wohl mal dürfen, sich verrennen in eine Richtung, die's dann doch nicht war. »Und bei all den kleinen Chancen«, die wir dann doch haben, »wird's immer wieder neu riskiert«. Jepp, so machen wir's!

Genau das ... das ist Dein Leben! Und Du bist es, der es Leben muss, darf, soll, und irgendwie auch kann. »Es ist o.k., dass Du halt bist, wie Du halt bist!«

Dittberner singt zwar manchmal stimmlich ein bisschen »depri«, aber er meint es nicht so. Er will sich in unser Herz schleichen, die Fragezeichen, die man so im Leben hat, ansprechen, wie er selbst sagt. Und uns doch wieder Mut machen: »Immer wieder aufsteh'n und anfangen zu geh'n!«

IMPULS FÜR DEN TAG: HEUTE MAL BEWUSST IN DIE KNIE GEHEN, INNEHALTEN, WIEDER AUFSTEH'N UND WEITERGEH'N!

8 FASCINOSUM ET TREMENDUM

Sportfreunde Stiller: Zwischen den Welten

Fascinosum et tremendum: Was das bedeutet, erkläre ich gleich.

Man kann sich als Musiker zwischendurch auch einfach mal schlecht weiterentwickeln. Mit den »Sportis« war ich bei ihrem grottigen Lied »Geschenk« fast schon durch, das mir nur so grade noch zu bissigen, faschingstauglichen Ideen genügen konnte. Aber die Überraschung folgte auf dem Fuße, mit einem höchst philosophischen und tief gehenden Nachfolger.

Nun mag man sich, was den eigenartigen Gesangsstil der Band angeht, schmunzelnd der Kritik der Musik-Website *laut.de* anschließen: »Wie frisch vom Logopäden kommend, betont er (der Sänger der Band) in Großbuchstaben munter jede einzelne Silbe: *Mit Ei-Nem Meer Aus Lam-Pi-Ons Leu-Chte Ich Die Stra-Ssen Aus.*« Dieser Liedtext hier verdient aber den zweiten Blick.

»Mysterium fascinosum et tremendum«: In der Theologie sagt man, dass der Kontakt mit dem Göttlichen immer etwas Anziehendes, Faszinierendes, aber gleichzeitig auch etwas Abschreckendes, Erschreckendes hat. Klingt nicht ganz leicht, kam mir aber sofort beim Refrain des Liedes in den Sinn. Wie kann es sein, dass man im selben Moment »so glücklich wie nie« *und* »so traurig wie selten« sein kann? Kennen Sie das, zwischen den Gefühlen hin und her gerissen zu sein, sich »zwischen den Welten« zu fühlen? »Alles zugleich, alles zusammen, geht das überhaupt?« Manchmal scheinbar schon, auch wenn man es nicht glauben mag. Die Sportfreunde Stiller machen diese Erfahrung auch in unseren bewegten Zeiten des Terrors. »Ich weiß nur: Die Freiheit endet dann, wenn man sich die Hoffnung raubt.« Und die wollen sie sich, obwohl – wie sie selbst meinen – sich für Musiker oft eher ein düsterer Pessimismus schickt, nicht nehmen lassen.

Hoch und Tief in einem Herzen gleichzeitig eingebunden, Freude und Leiden, Trauer und Dankbarkeit, Schmerz und Erleichterung. Der Mensch ist schon eigenartig gestaltet, erdacht und geschaffen, dass all das möglich ist. Faszinierend und erschreckend zugleich kommt mir das vor – und wohl nur denkbar und annehmbar, wenn ich eine Ahnung, vielleicht sogar eine Erfahrung davon habe, wer hinter alldem steckt. Auch wenn das dann, siehe oben, auch wieder seine beiden Seiten hat: fascinosum et tremendum!

**IMPULS FÜR DEN TAG:
HEUTE BEWUSST IN DEN NACHRICHTEN DIE FASZINIERENDEN UND DIE ERSCHÜTTERNDEN SEITEN WAHRNEHMEN.**

9 DIE PURE LUST AM LEBEN

Robbie Williams: Love my life

Auf vielfachen Wunsch einer einzelnen Person (kleiner Scherz!) – Ladies and Gentlemen: Mister Robbie Williams!

»Tether your soul to me!« »Binde deine Seele an mich« – was für ein erster Satz in diesem Lied! Achtung, das ist zum Glück wieder kein Liebeslied. »Ich bin Dein Vater!« – und ich, Robbie, sage Dir hier mal, was ich bisher so gelernt habe über das Leben, besonders durch Euch, Teddy und Charly, meine beiden Kinder. So können wir das hier verstehen.

Also, was hat er denn gelernt? Das Video zum Lied scheint zu sagen: Gar nichts! Da stolziert er nichtssagend inmitten von Kameras schwenkenden Damen, trägt die Nase typisch Robbielike hoch und scheint sich noch feiern zu lassen für seine Erkenntnisse. Abhaken und auf das Lied konzentrieren:

Die tiefe seelische Verbindung zu seinen Kindern; das Bewusstsein, dass diese kleinen Hände, die er jetzt noch festhält, einmal so stark sein mögen, dass sie *ihn* halten können. Manche »Kämpfe«, manche Herausforderungen wirst Du selbst bestehen müssen, und Du wirst sie gewinnen und auch verlieren. Ich bete darum, dass ich Dir all das geben kann, was wirklich wichtig ist. Und dann, dann kannst Du hoffentlich einmal zu mir sagen:

»Ich liebe mein Leben! Ich bin stark, schön, frei. Ich bin wundervoll, fast schon magisch. Denn ich bin Ich!«

Der Weg zu dieser Erkenntnis führte für Robbie Williams durch die Trennung seiner Eltern, durch Probleme mit Alkohol und Drogen, Therapien und Entzug. Davon hat er jetzt aber endgültig die Schnauze voll. Und er ist als Mensch viel mehr wert als das, was schief gegangen ist: »Ich bin nicht meine Fehler – und Gott weiß, dass ich einige gemacht habe. Ich habe irgendwann angefangen, die Engel um Rat zu fragen. Und die Antwort, die sie mir gegeben haben, das seid Ihr beide!«

Robbie sagt im Interview, er habe erkannt, dass die Kindheit so immens wichtig ist für den weiteren Weg, den ein Mensch nimmt. Es ist nie zu spät für solche Einsichten. Und nicht selten sind es Dinge, die einem kommen, wenn man (hört Euch nun mich, den weisen Mann an!) älter wird, Kinder hat, nachdenkt über Gott und die Welt. Danke, Robbie!

IMPULS FÜR DEN TAG: SCHREIBEN SIE SICH DAS MAL AUF: »ICH BIN ICH!« OHNE GRÖSSENWAHN ... UND BEHALTEN SIE ES HEUTE IM BLICK!

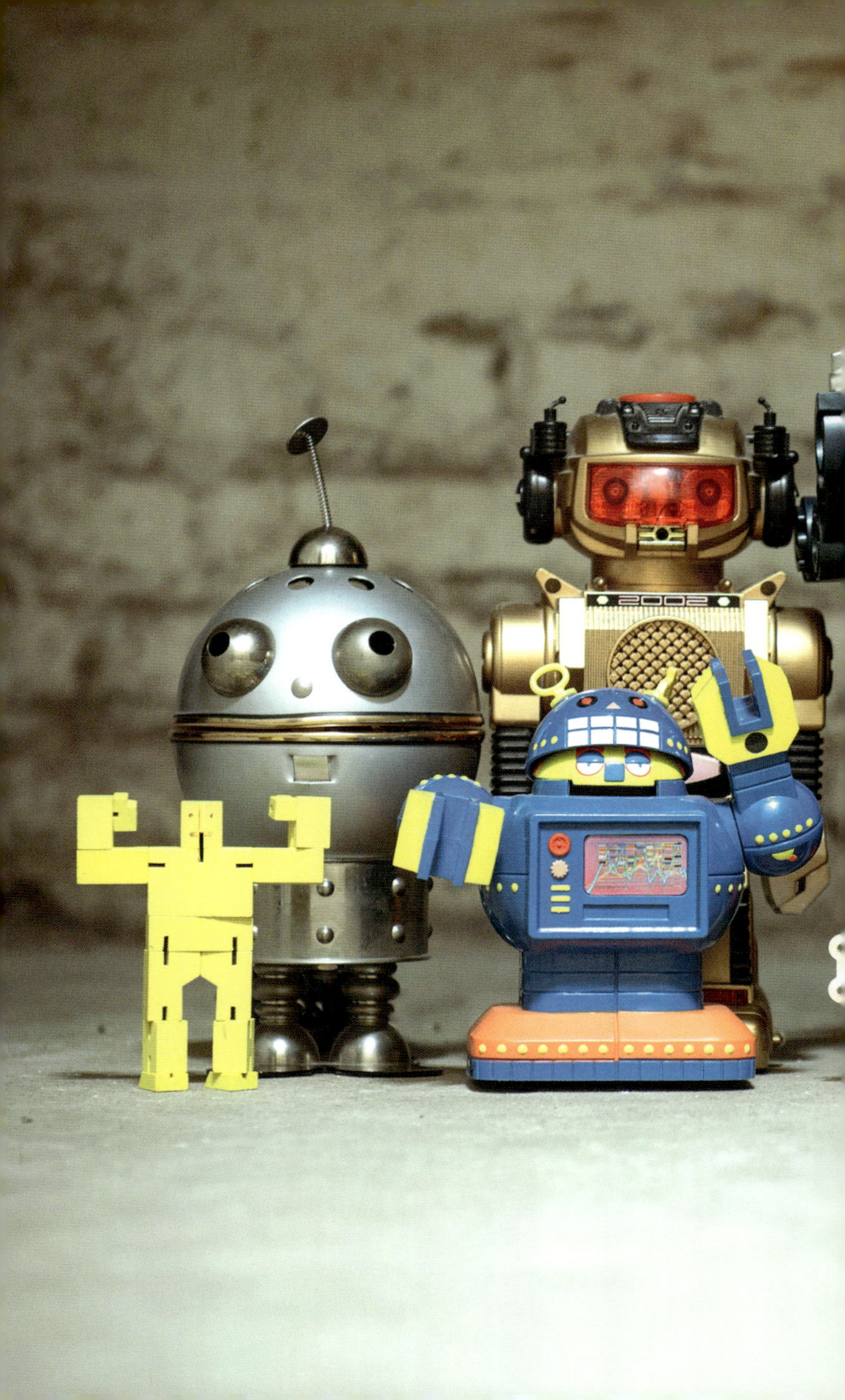
2002

10 EIN MENSCH AUS FLEISCH UND BLUT

Tim Bendzko: Keine Maschine

Schon wieder der Bendzko ... Von dem kann man ja praktisch jedes Lied in so ein Buch reinpacken.

Irgendwie macht er in allem, was er sagt und wie er ist, den Eindruck, doch ganz normal geblieben zu sein. Er freut sich, von der Musik leben zu können, wehrt sich aber gegen den Druck, ständig noch mehr scheffeln zu müssen. Seine Lieder und Texte greift er mitten aus dem Leben; Schreiben ist für ihn wie eine Therapie. Seine dritte Platte hat er ganz ohne Elektronik nur mit echten Instrumenten aufgenommen: schön!

»Ich bin ein Mensch mit all meinen Fehlern.« Als Kind habe ich immer geglaubt, Fehler zu machen sei so ziemlich das Schlimmste, was es gibt auf der Welt – seh' ich heute etwas anders. Natürlich versuche ich immer noch, möglichst keine zu machen. Und wenn es doch passiert, dann rege ich mich eigentlich mehr darüber auf, wenn sie mir andere penibel unter die Nase reiben. Da fallen mir so einige Spezialisten ein ... Geht es Ihnen genauso?

»Ein Mensch mit all meinen Fehlern, meiner Wut und der Euphorie«, das möchte ich auch sein. Auch wenn ich natürlich nie ganz aus meinen alltäglichen Abläufen raus komm' – das muss vielleicht auch gar nicht sein, wenn ich das Glück habe, meine freien Räume doch selbst gestalten zu können. Das ist ein Privileg, das wir gar nicht hoch genug schätzen können.

»Mein Leben selbst gestalten, muss es wenigstens probier'n!« Ja bitte! Die »Ketten aus unausgesprochenen Regeln« sprengen. Ob es allerdings sogar möglich ist, die Schwerkraft zu besiegen, wie Tim Bendzko es vorschlägt ... Ein Überflieger muss ich nicht sein, eher mit Bodenhaftung, das passt schon. Und so »leben bis zum letzten Atemzug«. Wann der kommt? Das liegt zum Glück nicht in meiner Hand, das gebe ich gerne einem anderen als Aufgabe, der schon wissen wird, was er mit mir vorhat und wo er mich noch hinführen wird. Ob es dann 30, 50 oder 90 Jahre sind ... Ich weiß, ich hab' da leicht reden; in dem Moment, in dem ich schreibe, geht es mir gut. Andere, die ich jetzt im Herzen trage, stehen vor viel schwereren Aufgaben, vor Abschieden, die endgültig sind, die bestanden, durchlitten und durchlebt werden müssen. Mit jeder Faser, mit »Fleisch und Blut ... bis zum letzten Atemzug.«

IMPULS FÜR DEN TAG:
HEUTE EINEM MENSCHEN, AN DEN ICH ERINNERN WILL, EIN SICHTBARES ZEICHEN SETZEN.

11 ES IST NICHT ALLES GOLD, WAS GLÄNZT

Glasperlenspiel: Geiles Leben

Ein paar Zahlen aus diesem Song sorgen bei manchen Hörern für Verwirrung:

»24 Stunden / 7 Tage« – das bekommt man noch hin. Eine Woche ohne Pause, ohne Auszeit, nonstop durch. »Du führst ein Leben ohne Sorgen«, und das in Saus und Braus, frei von allem, was einem durch den Kopf gehen müsste, wenn das Geld knapp ist.

»56 Wochen, alle Gläser sind zerbrochen« – das zeichnet Fragezeichen auf die Stirn. »Ein Leben ohne Limit« – so wie die 56 Wochen den normalen Kalender, der uns doch auch Grenzen setzt, symbolisch außer Kraft setzen. Und weil der im Lied angesprochene Mensch zwischen all dem Feiern und Abtauchen »nichts findet«, keinen Inhalt, keinen tieferen Gewinn, ist die Frage erlaubt: »Merkst Du nicht, dass auch *Du* langsam verschwindest?« Starkes Wort!

»Aaah, die von der Kirche, die müssen wieder schimpfen, wenn wir mal Spaß haben wollen ...« Nein, müssen sie nicht. Ich feiere auch gerne, hab' erst im fortgeschrittenen Alter von Mitte 20 entdeckt, wie gut ein Gläschen Wein oder auch mal zwei schmecken können. Aber es geht eben immer darum, woran ich mein Herz letztlich hänge, woran ich mich festmache. Wenn das alles der tiefere Lebensinhalt wird, hoffentlich bald Freitag ist und ich alles nur noch auf »Hoch die Hände, Wochenende« ausrichte, mit Vollsuff und Abdrehen, dann wünsche ich ebenfalls noch »ein geiles Leben«, werd' mich aber künftig mit anderen Leuten beschäftigen, denn das ist auf Dauer nicht meine Zielgruppe.

Ruhm (»fame«), Villen und dicke Sonnenbrillen, das werden eh die Wenigsten von uns als den Normalfall ihres Lebens hinbekommen, auch wenn sie es vielleicht versuchen. Ein gutes Einkommen, das einem das Leben ohne große finanzielle Sorgen ermöglicht, dazu aber auch noch den Blick für die Menschen links und rechts von mir freilässt – das ist allemal genug. Und dann sind es eben nicht die fein hochgezogenen Villen, mit einer meterhohen, blickdichten Thuja-Hecke drum herum, die mein Leben wirklich glücklich machen, sondern die kleinen und feinen Begegnungen auf der Straße vor der Haustür, auf der Terrasse bei den Nachbarn, mit Freunden in kleiner Runde, oder wo auch immer. Da zählt nicht das große Geld, sondern das große Herz.

**IMPULS FÜR DEN TAG:
FÜR DIE NÄCHSTEN TAGE EINEN KAFFEE ODER EIN TREFFEN MIT EINEM FREUND / EINER FREUNDIN AUSMACHEN.**

12 KINDHEITS-ERINNERUNGEN

Ed Sheeran: Castle on the hill

»Auf jeden Fall irgendwas von Ed Sheeran.« Das war klar, als es um die Liedauswahl für diesen Adventskalender ging. Unglaublich, was der Junge auf die Beine stellt. Wer dreimal hintereinander das Wembley Stadion füllt, nur mit seiner Stimme und einer Gitarre um den Hals, kann nicht so viel falsch machen.

Im Video meint man, Ed Sheeran als Jugendlicher sei wirklich er selbst – es sind aber durch die Bank Schüler aus seiner früheren Schule dafür gecastet worden. Darunter eben auch sein rothaariger »Doppelgänger«.

So war das also früher bei Ed zuhause: Bein gebrochen mit sechs Jahren, als Kind die Grashügel runtergerollt, selbstgedrehte Zigaretten geraucht und heimlich Alkohol getrunken – eine ganz normale Jugend eben. Und dazu immer wieder herrliche Sonnenuntergänge auf der »Burg am Hügel«, dem Framlingham Castle, das mittlerweile eine Pilgerstätte für alle Ed-Sheeran-Fans sein dürfte.

Also einfach ein paar belanglose Erinnerungen? Es steckt mehr dahinter. »Mit all diesen Leuten bin ich groß geworden«. Das heißt, ohne diese Erfahrungen wäre ich heute nicht der, der ich bin. Trotz allem, was das Leben mit uns nach diesen Jugendjahren angestellt hat – einer ist Verkäufer; einer arbeitet unten an der Küste; einer hat zwei Kinder, aber lebt schon wieder alleine; einer ist schon zum zweiten Mal verheiratet – das alles sind die Menschen, die mich geprägt haben. Ich bin Ich nicht aus mir selbst, ich bin Ich auch durch sie!

Wovon könnte ich heute singen? Was wäre mein »Castle on the hill«-Song? Von meiner Jugend im kleinen Dorf; meine erste (und zugleich letzte!) Zigarette hatte ich mit acht Jahren; vom Fußballspielen im TSV, Siegen und Niederlagen, Toren und einem verschossenen Elfmeter; von meiner Zeit als Ministrant, in der Jugendband, als Dirigent im Männerchor; vom Tod meines Vaters, Schmerz und Hoffnung im Glauben; vom Klavier lernen in der Schule; von Minifreizeiten in Österreich, Bergtouren und Lagerfeuer; mein erster Kuss ging wohl genauso daneben wie bei Ed Sheeran; und so weiter …

Belanglos? Für Sie vielleicht, für mich alles Mosaiksteinchen auf meinem Weg, ohne die ich nicht der wäre, der ich heute bin. Menschen, Ereignisse, die unser Leben begleiten. Wertvoll, gute wie schlechte.

**IMPULS FÜR DEN TAG:
HEUTE EIN PAAR MEINER LEBENSERINNERUNGEN LEBENDIG WERDEN LASSEN.**

13 DAS HOHELIED DER LIEBE FÜR UNSERE ZEIT

Nena: Liebe ist

»Liebe will nicht, Liebe kämpft nicht, Liebe wird nicht, Liebe ist! Liebe sucht nicht, Liebe fragt nicht, Liebe ist, so wie Du bist!« Das Hohelied der Liebe aus der Bibel, das Paulus im Brief an seine Gemeinde in Korinth geschrieben hat, ist einer der wohl beliebtesten Texte bei Hochzeiten. Und er ist 2000 Jahre später ausgerechnet von Nena irgendwie neu in Worte gefasst worden. Klar weiß ich, dass Nena es als Liebeslied auf eine einzige menschliche Person hin geschrieben hat, bei Paulus die Liebe allgemein als Größe gemeint ist. Nena trifft auch nicht alles so gut wie der Apostel. Und trotzdem – es lohnt sich, mit ihr diesem wohl größten Geheimnis und gleichzeitig größten Hinweis darauf, dass es einen Gott gibt, nachzugehen. Denn spätestens bei der Liebe käme jede menschliche Erfindungskraft an ihre Grenze.

So ein Moment voll Liebe, da hat Nena schon recht, »der ist ewig«, weil wir einen Hauch von Ewigkeit hier spüren. Das kann man auch nicht machen; Liebe kann man nicht machen, auch wenn es diesen dummen Ausdruck tatsächlich gibt.

»(Ich) hab' nicht gefragt, (die Liebe) ist einfach da!«, singt Nena. Das wäre doch mal was für die »Sendung mit der Maus«, oder? Was ist Liebe? Die Antwort im Lied: »Wir sind zwei und wir sind eins.« Klingt komisch, ist aber so.

Liebe ist einfach verrückt, auch wenn das alles andere als einfach zu begreifen oder zu akzeptieren ist. Liebe ist Hauptthema für Dichter und Denker, Musiker und eigentlich jeden Menschen auf dieser Erde. Und sie ist so gewaltig, dass wir es sogar im Blick auf Gott sagen: Gott ist die Liebe. Was soll das? Ist das eine Romantisierung, eine Verkitschung einer höheren Macht? Ach was! Wenn man sich mit dem auseinandersetzt, was der Glaube den Menschen nahebringt, wenn wir uns gerade jetzt wieder, im Advent, bewusst machen, was wir da feiern an Weihnachten, dann muss uns das einfach packen, wachrütteln. Wenn wir sehen, was in den Überlieferungen von Jesus an Liebe drin steckt, was Menschen heute noch in seiner Nachfolge für andere tun, dann darf man sich schon auch mal fragen, ob das nicht ganz deutliche Hinweise sind auf diesen Gott.

Liebe kann jeder und jede erfahren im Leben. Und sich dann wiederum fragen lassen: Wer hat's erfunden?

IMPULS FÜR DEN TAG:
HEUTE EINEM MENSCHEN EINE AUFMERKSAMKEIT ZEIGEN, WEIL ICH IHN LIEBE.

14 MUT ZUM RISIKO

Mark Forster: Chöre

Was für ein Wachmacher! Wer sich in diesem Lied ertappt fühlt, der möge es aufsaugen wie ein Schwamm, jede Zeile, jedes Wort! Alles will Dir sagen: Hab Mut, lass Dich nicht klein machen und mach Dich vor allem selbst nicht immer klein!

»Was hast Du gegen Dich? ... Nichts ist gut genug; Du haust Dich selber raus!«

Ein bisschen hat der Herrgott wohl auch beim lieben Mark die Finger mit im Spiel gehabt. Dieser Verdacht liegt nahe, wenn man ein wenig in seiner Geschichte stöbert. Zwar hat er den ersten Berufswunsch »Priester« nicht umgesetzt (o.k., dann würden uns jetzt wohl auch einige super Lieder fehlen!), religiöse Wurzeln hat er aber. Und diese und der Tipp eines Freundes haben ihn 2009, mitten in einer schweren Sinnkrise, für zwei Monate und 870 Kilometer auf den Jakobsweg geschickt. Viel Zeit, um die Dinge zu ordnen. »Auf dem Weg liegt, was ich such'; ich schau jetzt hin, ich lass' es zu!«, singt er zwei Jahre später in seiner ersten Single. Denn auf dem Weg hat er den Entschluss gefasst, »ernsthaft eine Platte zu schreiben«. Gelungen, würde ich sagen!

Konfetti, roter Teppich, alles wird aufgefahren, um im Lied *dem* Mut zu machen, der es nötig hat. Und natürlich: Chöre! Und die singen nur für Dich! Im Lied sind es dann tatsächlich besondere Chöre, nämlich die Harlem Gospel Singers. Die konnten sich dem Charme von Forsters Anfrage nicht entziehen, als er schrieb: »Hi, here's Mark from Germany. How looks it out?« Gut sah's aus, Zusammenarbeit top! Solche Chöre machen Dampf und Lust aufs Leben. Und dann kommen da auch noch Trompeten und Trommeln dazu, es rappelt im Karton! »Hör' auf Dich zu wehren, das macht doch keinen Sinn, Du hast da noch Konfetti in der Falte auf der Stirn«, schönes Bild! Risiko, trau Dich! »Komm mal raus aus Deiner Deckung ... Hab fast vergessen wie das ist: Du mit Lächeln im Gesicht!« Wo auch immer Du Deinen Mut her bekommst: Pack alles zusammen und verkriech' Dich nicht in Dir selbst!

»Glaube ist ein guter Atlas fürs Leben«, sagt Forster. Vielleicht auch für Dich so ein Mutmacher? »Ich finde es immer gut, wenn ich Menschen begegne, die gläubig sind.«. Auch wenn er selbst sich damit schwer tut. Aber ganz weg ist das bei ihm bestimmt nicht!

IMPULS FÜR DEN TAG:
HEUTE EINEM MENSCHEN DIESES LIED WIDMEN UND IHM MUT MACHEN!

15 DIE CHRISTL AUS ÖSTERREICH UND IHRE ADVENTSBOTSCHAFT

Christina Stürmer: Seite an Seite

Was dieses Lied mit dem Advent zu tun hat? Ich weiß es gerade noch nicht, aber ich denke, ich bin es dem Leser schuldig, 10 Tage vor Weihnachten mal wieder klarer anzusprechen, dass dies hier ein Adventskalender ist. Auch wenn man es vielleicht manchmal gar nicht so merkt. Ist das gut oder schlecht? ...

Ein Liebeslied? Nein, eher nicht. Auch wenn es manchen Paaren für Hochzeiten passend erscheint. Eher eine »Hymne an die Menschlichkeit«, wie Christina Stürmer es selbst nennt. Entstanden »in einer Zeit, wo man in den Medien Dinge gelesen hat wie 'wir bauen Zäune'« (gemeint ist der in Mexiko)! Aha, Mr. Trump beschert uns indirekt doch auch so manche Perlen; Reibung erzeugt bekanntlich Wärme ...

Zum Mond fliegen – wow! Pyramiden bauen – wow! Welten entdecken – nochmal wow! Der Mensch hat schon Dinge drauf, da kann man zurecht staunen! Daneben stellt Christina Stürmer aber auch schon Errungenschaften wie: weinen, lachen, tanzen, singen, Lieder schreiben, lieben, neugierig sein und neugierig bleiben. Und das alles läuft dann auf eines hinaus: »Das Größte, was wir können, ist *Mensch* zu sein!« Und das bedeutet? Ja, wenn's auch nicht immer einfach ist, auch die Bereitschaft zu verzeihen. Denn wir haben alle unsere Fehler. Und alles in allem: »Wir gehen den Weg, Seite an Seite, ein Leben lang.« Klingt zwar schon irgendwie nach einem alten Ehepaar, ist aber eine Grundvoraussetzung dafür, dass unser Zusammenleben gelingt, in welchen Kreisen wir auch immer eingebunden sind. Sich einsetzen und nachgeben, ringen um Meinungen und Wege. Das Größte, was wir beisteuern können, ist eben wirklich menschlich, »human« zu sein!

Und wo ist jetzt hier bitte der Advent? Ich hab' ihn gefunden! Scheinbar ist auch für Gott das Größte, was er uns zeigen kann, dass er uns auf Augenhöhe entgegen kommt. Scheinbar ist auch für ihn das Größte, Mensch zu sein. Und dass er in Jesus Mensch wird (und was für einer!), der das Menschsein göttlich umsetzt; unerreichbar, aber immer als Vorbild vor Augen – das ist dann 10 Tage vor Weihnachten schon mal einen Gedanken wert. Finden Sie nicht auch?

IMPULS FÜR DEN TAG:
HEUTE MAL BEWUSST DARAUF ACHTEN, OB IRGENDWO IM ADVENTSTRUBEL ETWAS VON DER »ECHTEN« WEIHNACHTSBOTSCHAFT DURCHSCHEINT.

16 WENN ICH MICH SELBST NICHT MEHR FÜHLEN KANN

Linkin Park: Numb

Dieses Lied ist für Veith und alle, denen schon die ganze Zeit meine Songauswahl viel zu sanft und weichgespült daher kommt. Das hier ist nun aber echt »ein Brett«!

Als ich das Video zum Song ansehe, bin ich sage und schreibe Nummer 532.274.476! Anfang der 2000er klangen Linkin Park noch nicht so charttechnisch und kommerziell angepasst wie heute.

»Numb« – taub, gefühllos! Was sich das Mädchen im Video sogar in den Arm geritzt hat, ist das, was sich durch's Lied und Video zieht: gefühllos geworden ist sie durch ihr Umfeld, abgestumpft durch immer neue Schikane, Zurückweisung, Ablehnung. Das geschieht durch die Eltern, in der Schule, wie auch immer.

Das eigene Potential: Im Video das einer Künstlerin, die weniger fürs sture Lernen taugt, vielmehr ihr Talent als Malerin entdeckt. Wer gibt mir den Raum, daraus etwas zu machen? Können Eltern das ihren Kindern geben, diesen Freiraum, dieses Vertrauen in die eigenen Wege? »Ich bin es leid, so zu sein, wie Du mich haben willst.« Wer hat diese Erfahrung nicht schon einmal gemacht? »Kannst Du nicht sehen, dass Du mich erdrückst? Mich viel zu fest hältst, aus Angst, Du könntest die Kontrolle über mich verlieren?« Mit Verlaub: ein ‚Sch... – Gefühl' ist das, ich kann es nicht anders ausdrücken. Und wenn dann noch der Eindruck entsteht, »jeder Schritt, den ich mache, ist nur ein weiterer Fehler für Dich« – dann bleibt irgendwann nur der Knall, die Explosion, der Ausbruch aus diesen Fesseln. Im Video mit einer exzessiven Aktion, in der die junge Frau die Farben unter Tränen auf die Leinwand schleudert. Und im echten Leben? Hoffentlich nur mit Worten, durch Entzug aus der zu engen Umklammerung. Hoffentlich nicht mit Gewalt, weil man sich, eingeschnürt und ohnmächtig, über alle Grenzen hinwegsetzen will, ausbricht mit aller Brutalität.

»Ich bin es leid, so zu sein, wie Du mich haben willst!« Wir werden immer nach dem Weg suchen müssen zwischen dem, was uns vorgegeben ist, uns auch Halt gibt und dem, was wir selbst für uns anstreben, entdecken und erleben wollen. »Alles was ich will, ist mehr 'Ich' zu sein!« Ich weiß, das hatten wir schon mal in diesem Buch. Wichtige Dinge darf man auch mal wiederholen!

IMPULS FÜR DEN TAG: HEUTE GANZ BEWUSST ETWAS FÜHLEN, DAS MIR BEGEGNET!

17 UND KOMM BITTE NICHT AUF SCHERBEN ZUM STEH'N...

Andreas Bourani: Hey

Heute wieder Kontrastprogramm zu gestern – auf Linkin Park folgt Bourani! Ein Lied wie gemalt, ein Text wie ein Gedicht. Für mich Wort für Wort lesens- und hörenswert! Und auch wieder voller Bilder, die aus meinem eigenen Leben vorüberziehen. Vielleicht für Sie ja auch!

»Wenn das Leben grad' zu allem schweigt, Dir noch eine Antwort schuldig bleibt, Dir nichts and'res zuzurufen scheint als 'Nein'.« Und dann immer wieder: »Es geht vorbei. Es geht vorbei.« Wie eine Meditation. Beruhigend. Oder nur ein billiges Vertrösten? Stimmt das so? Automatisch sicher nicht. Aber dass die Zeit auch eine heilende Funktion haben kann, ist sicher wahr.

Welche Situationen kennen wir noch? »Wenn der Sinn von allem sich nicht zeigt, sich tarnt bis zur Unkenntlichkeit.« Ja, leider auch das. Und die Frage nach dem Sinn, vor allem, wenn Leid und Tod sich in unser Leben einmischen, wird sich in diesem Leben nie einfach erklären lassen. »Wenn die Angst Dich in die Enge treibt, es fürs Gegenhalten nicht mehr reicht, Du es einfach grad' nicht besser weißt.« Was dann? »Dann *sei!*« Sei einfach.

Auch »wenn jeder Tag dem ander'n gleicht, und ein Feuer der Gewohnheit weicht«: Bleib'! Ja und selbst dann, wenn es in der Beziehung schwer wird, lauf' nicht gleich davon, brich' die Verbindung nicht ab! »Wenn Lieben grade Kämpfen heißt: dann bleib'!« Auch wenn sich das viel leichter singen lässt, als es dann auch zu tun.

»Hey, sei nicht so hart zu Dir selbst, es ist o.k. wenn Du fällst.« Du darfst das zulassen. Aber trotz allem: Geh weiter! »Komm' nicht auf Scherben zum Steh'n!« Denn das kann Dir nicht gut tun.

Bourani hat das Lied auch für sich selbst geschrieben: »Man jagt immer 'was hinterher, einem Ideal, das man meistens gar nicht erfüllen kann.« Dann tut es ihm gut, sich selbst dieses Lied vorzuspielen oder auch zu singen.

Und wenn ich jetzt das alles für einen romantischen Schmarrn halte, weil ich selbst grad' so tief drin stecke im Sumpf? Das will und soll es nicht sein. Es ist ein Mutmacher, wieder einer, ein kleiner.

Weihnachten steht vor der Tür – das nimmt nicht alles weg, ich weiß. Aber es öffnet mir vielleicht doch auch neue Möglichkeiten. Weitergeh'n allerdings muss ich selbst!

**IMPULS FÜR DEN TAG:
HEUTE EINEN SCHRITT PLANEN, DEN ICH AN ODER NACH WEIHNACHTEN MACHEN MÖCHTE.**

18 JETZT DREHEN WIR DEN SPIESS MAL UM

Philipp Poisel:
Mit jedem Deiner Fehler

Was dieser Junge macht, ist einfach unfassbar. Kopfschüttelnd sehe ich mir das Video zu diesem Lied an (das sollten Sie unbedingt auch tun!), das in einem Stück ganz schlicht aufgenommen ist. Musik ist so wenig, und doch so viel. Dieses Lied kann jeder von uns auch so ähnlich schreiben. Machen tut's aber eben nur der Poisel!

Jetzt also ein Liebeslied. Und weil ich weiß, dass sich beim letzten Buch manche über zu viele Liebeslieder beschwert haben, bin ich nun ganz frech und dreh' den Spieß/das Lied einfach mal um! Will sagen: Ich nehme den Text (einen Teil davon, bitte nicht alles auf die Goldwaage legen) mal aus der Sicht von Gott (das wird man wenige Tage vor Weihnachten machen dürfen) und setze mich/uns gegenüber.

Also, was wäre, wenn Gott uns so ansehen würde, wie wir da jetzt vor ihm stehen oder sitzen unsortiert, gehetzt, chaotisch, unaufgeräumt und vielleicht viel zu oft an ihm reichlich uninteressiert ... Und wenn er uns sagen würde: »Ich will nicht bei Dir klingeln, und ich tu es doch. Ich will nicht an Dich denken, und ich tu es immer noch.« (Weil er mich nun mal nicht vom Haken lässt.) »Du bist so herrlich überheblich.« (Moment, kennst Du mich?) »Ganz schön eingebildet.« (Ja, leider manchmal...) »Dafür, dass Du ständig lügst ...« (Ich schummle höchstens ein wenig!) »... siehst du verdammt unschuldig aus.« (Oh Mann, Du kennst mich wirklich!) »Es ist Deine Art, ich kann Dir nicht böse sein.« (Echt nicht?) »Mit jedem Deiner Fehler ... lieb' ich Dich mehr!«

Unbegreiflich? Stimmt. Aber so stelle ich mir das vor mit Gott. Zumindest hat es so auch Jesus erklärt und gelebt. Klar, er sagt nicht: Mach alles, was falsch ist, einfach immer so weiter ... Aber er hält eben trotzdem zu mir, weil er weiß, wo meine Schwächen sind. Trotzdem, und mittendurch durch das alles, sagt er mir das immer und immer wieder: »... lieb' ich Dich ... mehr!« Noch mehr? Immer mehr? Irgendwie seltsam und unbegreiflich.

Das könnte eine *der* Botschaften von Weihnachten sein: Gott liebt uns mehr und mehr. Upps, und nun sind Sie doch in diesem Buch an der Stelle angekommen, wo es religiös und persönlich wird. Was Sie draus machen, liegt bei Ihnen selbst.

IMPULS FÜR DEN TAG: HEUTE DIESES KAPITEL EIN ZWEITES MAL LESEN UND SACKEN LASSEN.

19 WAS SIND MEINE WAHREN FARBEN?

Justin Timberlake & Anna Kendrick: True colors

»To show one's true colors« – sein wahres Gesicht zeigen. Mit dieser Bedeutung könnte man den Liedtitel erfassen.

»Die Dunkelheit in Deinem Innern kann dazu führen, dass Du Dir ganz klein vorkommst.« Niedergedrückt. Deprimiert. Depression. Eine schwere und kaum zu verstehende Seite im Leben eines Menschen. Und die kann so tief werden, dass man daraus nur schwer heraus finden kann.

»Wenn Du soviel trägst, wie Du gerade noch tragen kannst; und bevor es zu viel wird, ruf mich an, und ich werde da sein.« Schön, wenn man einen oder mehrere Menschen hat, von denen man das weiß, dass es so ist. Dass es Menschen gibt, die mich trotz alltagsgrau und »depri« doch als leuchtenden, strahlenden Menschen kennen und wahrnehmen. Die mir den Mut zusprechen, meine Farben zu zeigen: »Ich sehe Dein wahres Gesicht / Deine echten Farben! Weil sie einfach durchscheinen! Ich sehe Deine echten Farben, und deshalb bist Du für mich ein liebenswerter Mensch! Also hab keine Angst und lass sie sehen / lass sie durchleuchten, Deine echten, Deine wahren Farben! Denn die sind so besonders und wunderbar wie ein Regenbogen!«

Ich kann und darf aus mir selbst heraus ein Licht in dieser Welt sein. Und ich darf es, weil ein anderer mich leuchten lässt mit all den Farben, den Fähigkeiten, den Eigenheiten, die er in mich hineingelegt hat. Wie viel von dem, was Sie wirklich gut können, haben Sie denn ganz und allein sich selbst zu verdanken? Und wie viel ist Ihnen »in die Wiege gelegt worden«? Und das wirklich »nur« von Ihren Eltern?

Ich weiß, es gibt keine Garantie, dass ich mit diesen Worten jemanden erreiche, jemandem Mut machen kann, der oft ganz mutlos und zweifelnd ist. Aber ich will es trotzdem versuchen. Und vielleicht können Sie es mit mir versuchen, indem Sie es weitersagen, weitergeben. Kein billiger Trost, sondern eine Verheißung: Zeig' den Menschen das, was in Dir verborgen liegt. Lass es sichtbar werden, wehre Dich nicht dagegen. So wie der Regenbogen, der nicht aus sich selbst leuchtet, sondern nur, weil es ein anderer sichtbar macht. Hab Mut!

IMPULS FÜR DEN TAG:
HEUTE AN EINEN MENSCHEN DENKEN, DEM ICH DIESES LIED ZUSAGEN WILL.

20 LICHT – DU – ICH – WIR?

Gregor Meyle: Du bist das Licht

Was für ein Sänger! Gregor Meyle wird durch die Fernsehsendung »Sing meinen Song« erst so richtig bekannt, Gott sei Dank! Xavier Naidoo wollte ihn dabei haben. Da hast Du mal wieder ein Näschen gehabt, Xavier!

In dieser dunklen Zeit, in der längsten Nacht des Jahres, die uns bevorsteht, sehnen sich viele nach Licht. Die Lichter an den Fenstern jetzt im Advent, in den Städten und Dörfern sprechen eine deutliche Sprache.

»Du bist das Licht« Wer? Du? Ich? Oder wieder ein ganz Anderer? Warum können wir es nicht zusammen sein? Was mir heutzutage auffällt: Oft wird alles auf die eigenen Kräfte aufgebaut. Verlass Dich auf Dich selbst! Du kannst alles erreichen. Du kannst abnehmen, erfolgreich sein, das eine tun und das andere lassen, nur wenn *Du* es wirklich willst! Kann ich das? Manches mag stimmen, manches ist aber auch eine Überforderung.

Umgekehrt ist es auch Humbug, wenn man Menschen immer nur auf Gott schubst. Oder auf das Jenseits verweist und völlig von den eigenen Bedürfnissen oder Stärken wegführt. Das haben wir in der Kirche lange genug gemacht.

Beides zusammen ist der Weg.

Wenn ich mich führen lasse, dann bin ich ein Teil von diesem Licht – weil ein Anderer mir das schenkt. Immer wenn wir angekommen sind; wenn Kinderaugen funkeln; wenn ein Stein vom Herzen fällt; wir Liebe spüren, »seh‘n wir das

Licht!« Aber wenn es keinen Weg mehr gibt; Schmerz die Herzen trifft; bittere Wahrheiten unsere Hoffnung *fast* besiegen; »immer wenn die Wut das Licht erstickt, seh'n wir es nicht!«

Ein wunderschöner, poetischer Refrain: »Wenn all das, was vor Dir liegt, auf einmal 'nen Sinn ergibt, dann scheint durch die Dunkelheit am Ende das Licht!«

Alles wieder eine Frage des Glaubens? »Es brennt in uns ein Leben lang; macht sichtbar, wer wir wirklich sind.« Dieses Licht, nach dem wir uns sehnen. »Und glaubst Du nichts mehr irgendwann, geh wohin Dein Herz Dich bringt!« Gregor Meyle glaubt nicht mehr so viel. Und trotzdem vielleicht tief im Herzen mehr, als er es selber weiß. Denn die Sehnsucht sucht ein Leben lang weiter – »Am Ende das Licht!«

IMPULS FÜR DEN TAG: HEUTE EIN LICHT ANZÜNDEN FÜR MICH ODER FÜR ANDERE!

21 LET'S DANCE – MEHR ALS NUR TANZEN!

Max Giesinger:
Wenn sie tanzt

Nun gut, wenn Sie ein Tanzmuffel sind, ein Couch-Potato, dann wird Sie dieses Kapitel hier nicht glücklich machen. Wenn Sie aber gerne mal einen Move hinlegen, abdancen, grooven oder auch einfach gepflegt das Tanzbein schwingen, dann werden Sie sagen: Genau so is' es!

»Let's dance« ist für mich die mit Abstand beste Unterhaltungsshow der letzten Jahre! Nicht vorrangig wegen der Sprüche, wegen Motsis Emotionen oder Jorges breitem Grinsen, wenn er sagt: »Hola chica!« Nein, es ist unglaublich, was Promis als Tänzer leisten. Und gleichzeitig betonen alle immer, dass es sie als Persönlichkeit über letztlich bis zu 12 Wochen extrem weitergebracht hat, dieses Tanzen so zu lernen. Warum? Weil es mehr ist als nur ein äußerliches Geschehen. Weil es Körper und Geist verbindet, die Emotionen und die Seele berührt. Und weil es damit auch Gefühle zum Ausdruck bringt, die man oft mit Worten gar nicht richtig auf den Punkt bringen kann.

»Wenn sie tanzt ist sie woanders, für den Moment, dort wo sie will, und wenn sie tanzt, ist sie wer anders, lässt alles los, nur für das Gefühl.« Tanzen meint hier: Auszeit vom Alltag, der im Lied neben einer 50-Stunden-Woche auch noch ‚Alleinerziehende Mutter von zwei Kindern' bedeutet. Giesingers autobiographisches Lied, hat er doch seine Mutter so erlebt – und doch erst viel später begriffen, was sie da wirklich geleistet hat. Sehr schön für mich im Video: Am Ende erkennt die Mutter, die zunächst vor den Kindern fast zu fliehen scheint, dass es auch mit ihnen *zusammen* diese schönen Momente im Alltag gibt, diese gemeinsamen Auszeiten. Das geht im normalen Trubel oft zu leicht unter, das Spielen, das Blödeln, das Abschalten.

Es kann Tanzen sein, diese Auszeit, und auch vieles andere mehr: Lesen, Musik, Malen, Schreiben, Stille, Laufen ... Das Tanzen aber ist wirklich ein Spiegel der Seele, wenn man sich ganz hinein geben kann. Irgendwie sollten wir alle den Tanzkurs nicht nur machen, wenn wir für die Hochzeit dringend den Walzer drauf bekommen müssen. Meinen Sie nicht auch?

IMPULS FÜR DEN TAG: WENN ES GEHT, HEUTE MAL EINEN KLEINEN MOMENT ... TANZEN!

22 ALLES GUTE KOMMT VON OBEN?

Adel Tawil:
Ist da jemand

Wenn Deine Beziehung in die Brüche geht; wenn Du dem Tod von der Schippe springst; wenn Du dann langsam wieder Deine Schritte ins Leben setzt ... dann darfst Du schon auch mal fragen: »Ist da jemand?« »Wenn der Himmel ohne Farben ist« ..., schon wieder diese Farben, wie bei »True Colors«. Dann geht der Blick von Sänger Adel Tawil nach oben, und die Frage kommt in ihm hoch: »Ist da jemand? ..., der mein Herz versteht, mit mir bis ans Ende geht, mir den Schatten von der Seele nimmt, mich sicher nach Hause bringt?«

Ein Lied wie ein Gebet. Ein Liebeslied? Naja, fast wäre es dafür ein bisschen sehr groß geraten. Wer wollte schon sicher versprechen, dass er das alles und noch viel mehr zu leisten in der Lage ist?

Adel Tawil hat seine Beziehung verloren; und er schwebte wirklich nach einem Badeunfall in Lebensgefahr. Fragen über Fragen. Und zögernd, ganz langsam gehen wieder Schritte zurück ins Leben. Tawil hat es geschafft, wie viele Andere auch, die ihr Leben nach einem Schicksalsschlag wieder neu aufstellen. In einer Doku darüber bei »Stern TV« wurden einige vorgestellt: einer studiert wieder, trotz Rollstuhl; andere werden Sportler oder erkämpfen sich ihren Platz zurück in der Berufswelt. Es gibt diese beeindruckenden Menschen, sicher auch in Ihrer Umgebung.

Aus der Frage wird für Adel Tawil, den Muslim, der glauben will, aber auch seine Zweifel hat, im Lied dann doch die Gewissheit: »Da ist jemand!« »... Du stehst auf mit jedem neuen Tag! Wenn Du selber nicht mehr an Dich glaubst, dann ist da jemand, der Dir den Schatten von der Seele nimmt!«

Immer? Ach, schön wär‘s. Eine Garantie gibt es nicht, im Leben nicht und auch nicht im Glauben. Aber im Rückblick für mich oft die Einsicht, dass ich schon ganz gut geführt worden bin. Wenn es Entscheidungen, Erfahrungen gibt, die man vielleicht mit dem Wort »Zufall« oder »Schicksal« versucht einzufangen, einzuordnen, weil man sie eigentlich nicht so recht verstehen kann ... und vielleicht dahinter ein »Mehr« erahnt, eine Hand, die leitet, eine Wegbegleitung ..., dann »Ist da jemand!« Und dann kann aus dieser Frage eine Antwort werden.

**IMPULS FÜR DEN TAG:
HEUTE ÜBER EINE WEGWEISUNG IN MEINEM LEBEN NACHDENKEN UND (VIELLEICHT) MIT JEMANDEM REDEN.**

23 HAUCHE MIR LEBEN EIN!

Evanescence:
Bring me to life

»Bist Du glücklich?« Hat Sie das schon mal ein Freund oder eine Freundin auf den Kopf zu gefragt? Was wäre Ihre Antwort?

Der Sängerin der Band »Evanescence« ging es genau so. In einer Lebensphase, in der sie unglücklich war, fast taub (»numb« - vergleiche Linkin Park in Kapitel 16), aber alles innerlich weggelogen hat, stellt ihr jemand völlig unvermittelt genau diese eine Frage. Jahre später wird sie ihn heiraten. Damals war er einfach ein Mensch, der tiefer gesehen hat, und der den Mut hatte, das anzusprechen, was er sieht oder erahnt.

Eine unglaubliche Stimme mit einer brettharten Musik dazu. Evanescence sind einzigartig. Ungeahnt der Erfolg, weil eben mit einer damals unüblichen weiblichen Leadstimme. Unbeschreiblich auch das Lied »My Immortal«, eine Ballade von zeitloser Schönheit.

Mir war bis dato unbekannt, dass die Band auch mit ihren oft fast christlich wirkenden Texten für Aufsehen sorgt.

Morgen ist Heiligabend! Und da dürfen wir jetzt wirklich ans Eingemachte gehen. »Bring me to life« – Erwecke mich zum Leben! »Hauche mir Leben ein – lass mich wahr werden!« Was für große Worte! Fast zu groß für einen *Menschen*, oder? Wer kann das denn wirklich, einen Menschen ins Leben bringen, ihm Würde und Wert geben? »Weck mich im Innern auf!

Ruf' mich bei meinem Namen und errette mich aus dem Dunkel!«

Ich staune ja selbst über diese Texte.

Unbeschreiblich, wenn man dies mit seinem Partner verbinden kann. Aber noch viel mehr kann ich es mit Gott verbinden. Da will mich und macht mich einer einmalig, wie meinen Fingerabdruck! »Keine Angst! Ich habe Dich bei Deinem Namen gerufen, Du bist mein!«, heißt es in der Bibel. Da macht mich einer so, wie ich bin, und hat sich was dabei gedacht. Da haucht mir einer Leben ein, wie er es an Weihnachten mit seinem eigenen Sohn tut (was wir im Glauben mühsam zu begreifen versuchen).

In der Krippe liegt das Kind Gottes, und ich bin auch eines, ein Kind Gottes! Was soll das denn? Wieso bekomme ich denn so viel zugetraut, so viel an Vertrauen mit auf meinen Weg, dass mir jemand dieses Leben schenkt? »Bring me to life!« Weihnachten und mein Leben – sie haben auf einmal wieder etwas miteinander zu tun!

IMPULS FÜR DEN TAG: HEUTE IM GEBET GOTT »DANKE!« SAGEN, DASS ER MIR DAS LEBEN GESCHENKT HAT.

24 DRUNTER UND DRÜBER!

Die Toten Hosen: Unter den Wolken

Die Jungs von den »Hosen« (dass ich mit denen mal einen Adventskalender beenden würde ..., vergleiche Buch »An Tagen wie diesen«, Kapitel 1!) hatten nicht wissen können, was ihnen bei »Rock am Ring« 2017 widerfahren sollte. Die Angst vor dem Terror räumt ein Feld mit 80.000 musikbegeisterten Menschen. Zum Glück nur falscher Alarm. Aber irgendwie haben sie es dann wohl doch in ihrem Lied schon geahnt ...

Eine Hommage an Reinhard Mey, das merkt man schon am Titel. Eines Morgens lag die CD auf dem Tisch des Sängers, von Campino mit einem »liebevollen Brief« garniert. Während Reinhard Mey als passionierter Flieger den Blick *über* die Wolken gerichtet hat, sehen sich die Hosen genötigt, eher nach *unten* zu schauen: »Die Welt steht grad' auf ihrem Kopf.« Oh Mann, so sieht es echt aus! »Unter den Wolken wird's mit der Freiheit langsam schwer ...« Wo bleibt da noch Platz für Träume? »Keine Starterlaubnis mehr« für die Träume – ganz anders als noch zu Reinhard Meys Zeiten!

Und doch bleiben wir nicht mit dem Kopf nach unten stehen. »Ein, zwei Sonnenstrahlen« genügen schon, um die Hoffnung wieder aufflammen zu lassen. Denn aus einem kleinen Licht kann Großes entstehen. Und ein zweiter, neuer und mutiger Refrain folgt: Unter den Wolken halten wir unsere Freiheit hoch, träumen wir weiter, »und alle leuchten!« Die Hosen würden mir nie zustimmen, wenn ich jetzt daraus meine Schlüsse ziehe. Aber ich tu' es trotzdem.

Ich leuchte nicht aus eigener Kraft! Ich kann meine Farben zeigen, weil sie ein anderer in mich gelegt hat. Ich kann leben, weil mir einer Lebensatem einhaucht. Ich bin ein Gedanke Gottes, ein genialer noch dazu. Und das sage nicht ich über mich, sondern ein anderer sagt es mir zu. Es ist derselbe, der in einem kleinen Kind in diese Welt gekommen ist - damals wie heute nicht unbedingt eine frohe und hoffnungsvolle Umgebung! Und trotzdem und gerade darum: Heute Abend sollten alle leuchten. »Wie sie leuchten!« Ja, es darf uns ins Gesicht geschrieben stehen, dass wir uns heute freuen aus der Tiefe unseres Herzens. Frohe und gesegnete Weihnachten – unter und ganz bestimmt auch über den Wolken!

IMPULS FÜR DIE KOMMENDEN TAGE: EINFACH NUR WEIHNACHTEN FEIERN!

PLAYLIST

1 *Clueso:* Neuanfang
2 *Herbert Grönemeyer:* Ein Stück vom Himmel
3 *Alessia Cara:* Scars to your beautiful
4 *EFF:* Stimme
5 *Wincent Weiss:* Musik sein
6 *Green Day:* Boulevard of broken dreams
7 *Philipp Dittberner:* Das ist Dein Leben
8 *Sportfreunde Stiller:* Zwischen den Welten
9 *Robbie Williams:* Love my life
10 *Tim Bendzko:* Keine Maschine
11 *Glasperlenspiel:* Geiles Leben
12 *Ed Sheeran:* Castle on the hill
13 *Nena:* Liebe ist
14 *Mark Forster:* Chöre
15 *Christina Stürmer:* Seite an Seite
16 *Linkin Park:* Numb
17 *Andreas Bourani:* Hey
18 *Philipp Poisel:* Mit jedem Deiner Fehler
19 *Justin Timberlake & Anna Kendrick:* True colors
20 *Gregor Meyle:* Du bist das Licht
21 *Max Giesinger:* Wenn sie tanzt
22 *Adel Tawil:* Ist da jemand
23 *Evanescence:* Bring me to life
24 *Die Toten Hosen:* Unter den Wolken

22
27

EIN STÜCK VOM HIMMEL...

Advent – Zeit für einen *Neuanfang!* 24 Tage auf der Suche nach einem *Stück vom Himmel* in meinem Leben. Auch für die Suche nach dem, was mich ausmacht. Diese *Schönheit* sieht man auch durch *Verletzungen* hindurch.

Vielleicht höre ich ja in diesen 24 Tagen eine besondere *Stimme.* Vielleicht erlebe ich diese Momente, in denen *Musik sein* müsste. Statt ständig die *Straße meiner zerbrochenen Träume* entlang zu laufen, sollte ich den Mut haben, zu mir zu stehen: *Das ist Dein Leben!* Ein Leben mit Hoch und Tief, Freud und Leid, in dem ich mich auch mal *Zwischen den Welten* fühle. Und trotzdem: *Ich liebe mein Leben!* Ich bin ganz Mensch, *Keine Maschine.*

Was ich nicht will und brauche? Ständig auf der Überholspur sein; kein scheinbar *„Geiles" Leben* also. Ich will auch mal Zeit zum Nachdenken, zum Schauen, zum Staunen haben, wie Ed Sheeran auf der *Burg auf dem Berg* sitzen, spüren, was mein Leben ausmacht – Liebe. Und was *Liebe ist ...*

Das reicht mir oft schon, damit ich das Gefühl habe, die *Chöre* sängen nur für mich. Wie wertvoll, dass Menschen mit mir gehen – *Seite an Seite.* Auch, wenn ich mal nichts oder nicht viel von diesem Leben in Fülle fühlen kann, *Taub* bin für das, was mir geschenkt ist. *Hey, sei nicht so hart zu Dir selbst*, sagt einer zu Dir! Und, dass er Dich *Mit jedem Deiner Fehler* liebt, Deine *echten* und tiefen *Farben* sieht, die aus Dir leuchten. Wahnsinn!

Und warum das alles? Weil es dieses Licht gibt, das mich selbst leuchten lässt. *Du bist das Licht!* Du bringst uns zum *Tanzen*, innerlich oder im wahrsten Sinne des Wortes. *Ist da jemand?* Ja, kein Zweifel! Da ist jemand, der *Mich zum Leben bringt*, mir Leben einhaucht. Gerade dann, wenn ich es am nötigsten hab'. Über oder *Unter den Wolken* – Weihnachten ist überall, wo wir leuchten, weil einer dieses Licht in uns gelegt hat. Und das ist dann wirklich *Ein Stück vom Himmel!*

Bildnachweise

Umschlagmotiv: © Flügelfrei/photocase.com
Innenteil: Seite 2 © complize/photocase.com, Seite 4 © Stefan-Weigand, Seite 8/11 © Nordeisender/photocase.com, Seite 11/15 © Patrick Lienin/photocase.com, Seite 16/19 © Saimen/photocase.com, Seite 20/23 © HerrSpecht/photocase.com, Seite 24/27 © 106313/photocase.com, Seite 28/31 © Dot.ti/photocase.com, Seite 32/35 © sör alex/photocase.com, Seite 36/39 © joexx/photocase.com, Seite 40/43 © complize/photocase.com, Seite 44/47 © Seite 48/51 © IriGri/shutterstock.com, Seite 52/55 © great barrier thief/photocase.com, Seite 56/59 © Anton Watman/shutterstock.com, Seite 60/63 © PolaRocket/photocase.com, Seite 64/67 © Patrick Lohmüller/photocase.com, Seite 68/71 © as_seen/photocase.com, Seite 72/75 © superdesign/photocase.com, Seite 76/79 © suze/photocase.com, Seite 80/83 © HoangLVT/photocase.com, Seite 84/87 Somkid Chaijitvanit/shutterstock.com, © Seite 88/91 © margie/photocase.com, Seite 92/95 © jottkah/photocase.com, Seite 96/99 © Steffz/photocase.com, Seite 100/103 © han.lei/photocase.com, Seite 105 © margie/photocase.com

Bibliografische Information der Deutschen Bibliothek
Die Deutsche Nationalbibliothek verzeichnet diese Publikation in der Deutschen Nationalbibliografie; detaillierte bibliografische Daten sind im Internet über <http://dnb.d-nb.de> abrufbar.

www.echter-verlag.de

Gesamtgestaltung: wunderlichundweigand
Druck und Bindung: BELTZ Bad Langensalza GmbH

ISBN 978-3-429-04366-7